W0073018

Irgendwo in der Tiefe
gibt es ein Licht

Andreas Pflitsch • Dirk Steinhöfel

Irgendwo in der Tiefe gibt es ein Licht

Eine Erzählung über das Geheimnis der Höhlen

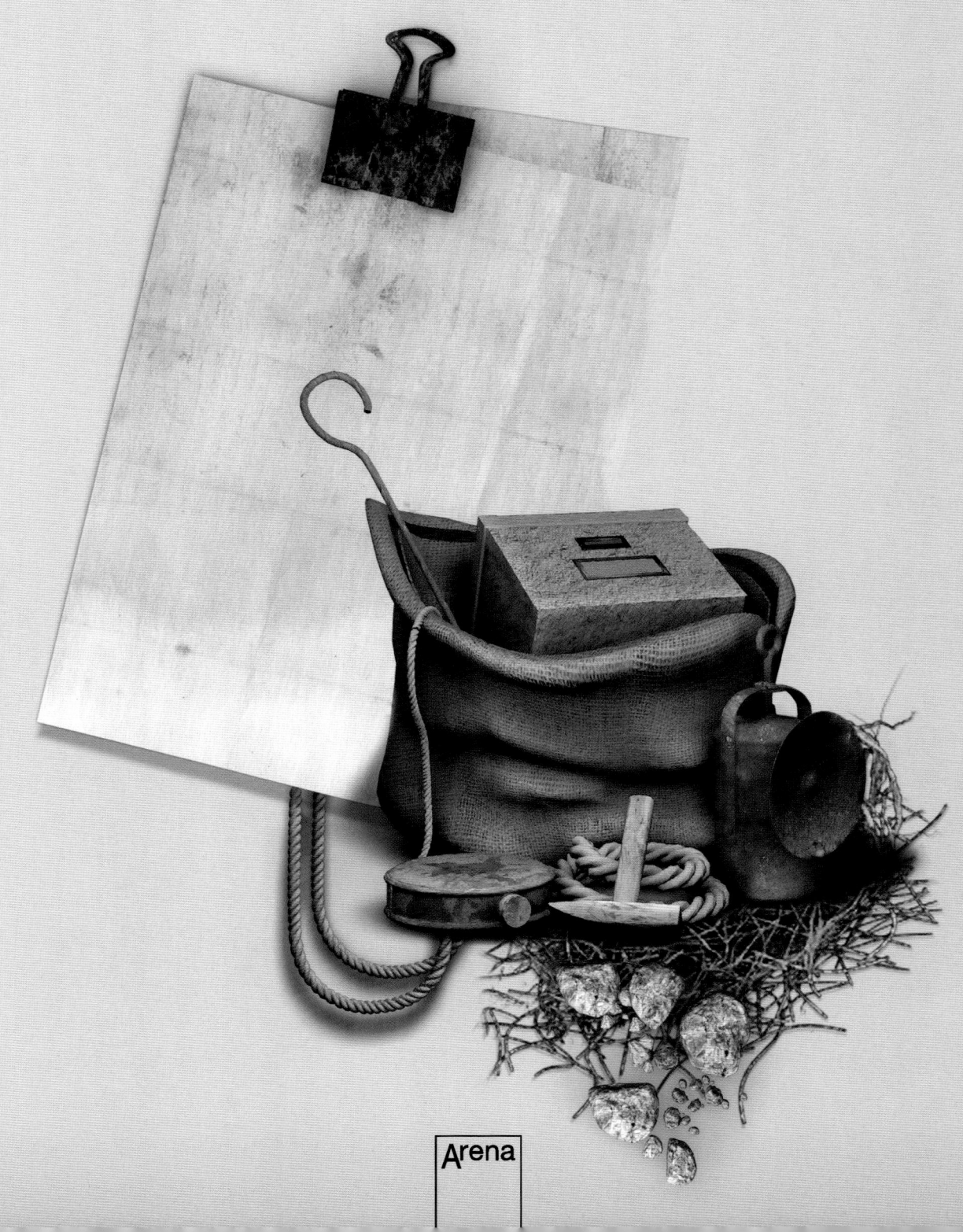

Arena

1. Auflage 2014
© Arena Verlag GmbH, Würzburg 2014
Alle Rechte vorbehalten
Umschlag- und Innengestaltung, Layout
und Illustration: Dirk Steinhöfel
Redaktion: Britta Vorbach
Satz: HP Buchdesign, Wendelstein
Gesamtherstellung: Gruppo Editoriale Zanardi, Italien
ISBN 978-3-401-06877-0

www.arena-verlag.de

Inhalt

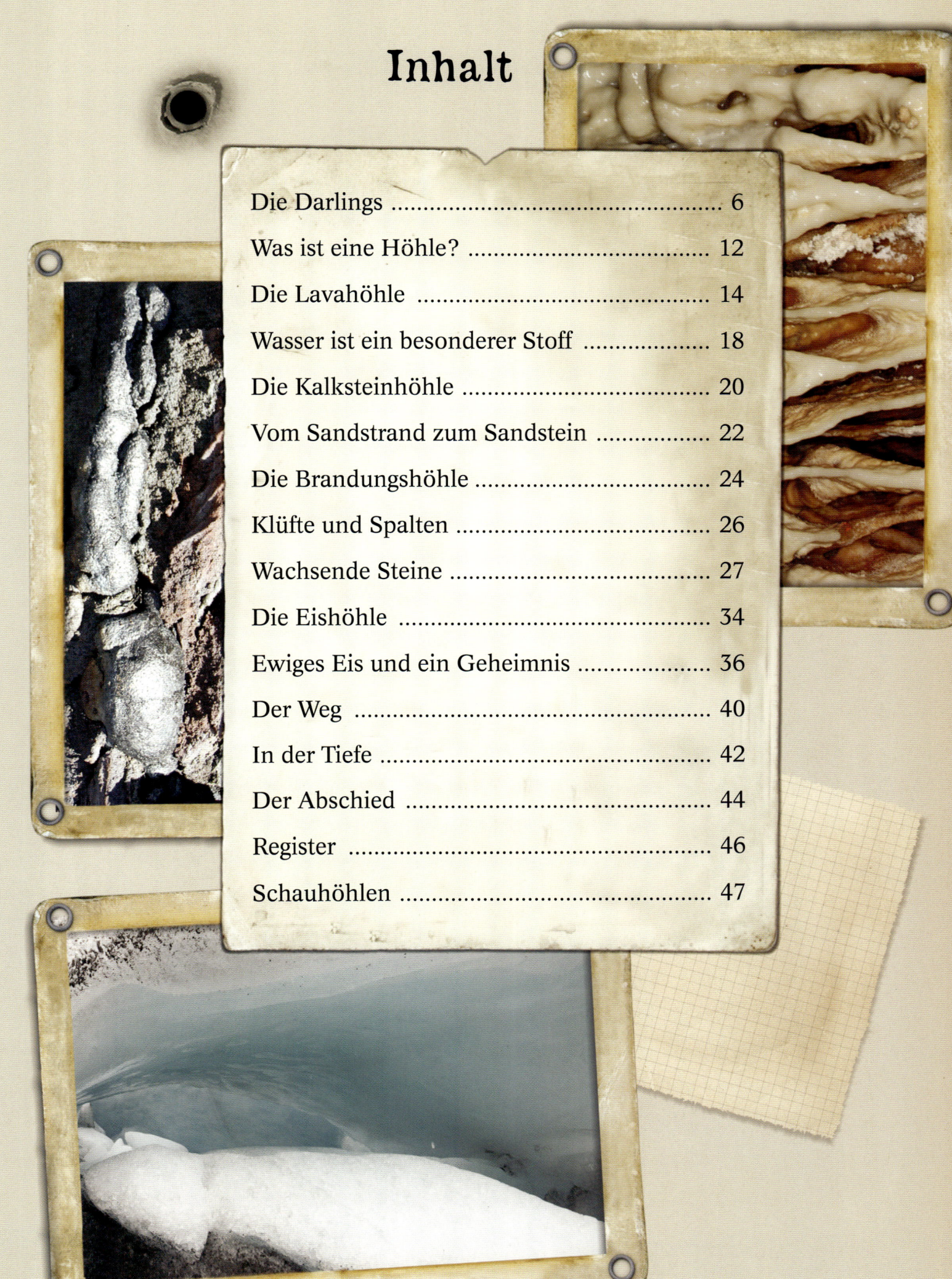

Ein entzückter Aufschrei drang quer durch die Ankunftshalle des kleinen Flughafens. „Die Darlings! Da sind sie ja!"
Eine sehr dicke Frau kam auf uns zugestürzt. Eingehüllt in meterlange Stoffbahnen und mit Schmuck so behangen, als müsste man Weihnachten vor dem Untergang retten. Tante Janis. Genau so, wie ich sie in Erinnerung hatte. Der ausladende Körper presste mich an sich.
„Oh my sweet darling, Jonas. How beautiful du bist! Schon ein richtig starker Junge!"

Der Anhänger einer schweren Kette schlug mir ins Gesicht.
„Und die kleine Sophie!" Auch meine Schwester verschwand zwischen wogenden Körperteilen. Dann folgten wir Tante Janis nach draußen. Sie warf unser Gepäck auf die Ladefläche eines alten Pick-ups, presste uns noch einmal an sich, verteilte schmatzende Küsse und fuhr endlich los. Direkt hinein in den Sonnenuntergang.

„In den Ferien werdet ihr beide nach Amerika zu Papas Schwester fliegen", hatte Mama gesagt. „Und zu eurem Urgroßvater."
Das war gerade einmal vor vier Wochen gewesen. Sophie hatte gleich zum Telefon gegriffen und all ihren Freundinnen Bescheid gesagt. Fast fünf Stunden hatte sie damit verbracht. Achtjährige Mädchen haben echt viele Freundinnen.
Papas Schwester also. Die war echt schräg. Aber irgendwie auch total cool. Als Sophie geboren wurde, war sie einmal zu Besuch. Eine große, kuschelige Frau. Elias, unseren Urgroßvater, kannten wir beide noch nicht.

Und dann ging alles ganz schnell. Das Gepäck. Das Flugzeug. Die Ankunft in den USA. Jetzt war ich kurz davor einzuschlafen.

Doch als der Pick-up die Straße verließ und schlitternd durch sandiges Gelände auf ein altes Haus zufuhr, kam ich schnell wieder zu mir. „Wir sind dahaa", trällerte Janis. „Das ist mein Heim. Das Haus eures Urgroßvaters."

Während ich mit ihr zusammen das Gepäck ins Haus brachte, war Sophie schon vorgerannt. Die Räume im Haus waren nur sehr schwach beleuchtet. Auf den Simsen, die an den Wänden entlangführten, standen alte Laternen. Ein seltsamer Duft kroch mir in die Nase.

„Wo ist denn dein Opa?", fragte ich Janis. „Du meinst Elias, euren Urgroßvater? Ach, der schläft schon. Er ist ja nicht mehr wirklich der Jüngste. Ihr seht ihn morgen früh."

Sie brachte uns in ein großes Zimmer. In alten Regalen lagen Versteinerungen und seltsame Geräte. Aber so neugierig ich auch war, die Müdigkeit war stärker. Wie ein Stein fiel ich in die Kissen und schlief ein.

8 Die Darlings

Das Frühstück am nächsten Morgen war unglaublich. Unsere Tante Janis hatte uns einen Berg voller Pancakes gemacht. Als ich gerade den letzten Pfannkuchen auf meinen Teller ziehen wollte, polterte es laut im Hausflur.

„Ah, Elias ist wach", flötete Janis vergnügt. Kaum hatte sie das gesagt, öffnete sich hinter mir die Küchentür. Sophie erstarrte. Blass wie ein Gespenst sah sie an mir vorbei. Ich drehte mich um.

teaspoon salt
1 tablespoon white sugar
1 1/4 cups milk
1 egg
3 tablespoons butter, melted

In a large bowl, sift together the flour
baking powder, salt and sugar.
Make a well in the center and pour in
the milk, egg and melted butter;
mix until smooth.
Heat a lightly oiled griddle or
frying pan over medium high heat.
Pour or scoop the batter onto the
griddle, using approximately 1/4 cup
for each pancake. Brown on both
sides and serve hot.

Ein großer Mann mit tiefen Falten im Gesicht kam auf uns zu, griff quer über den Esstisch und schnappte sich den letzten Pancake. Dann lachte er laut. „Ihr müsst schnell sein, das sag ich euch. Immer verdammt schnell."

Wieder beugte er sich über die Tischkante. „Ihr seid also Johannes und Susie. Schön, dass ihr hier seid. Viel Spaß in Amerika." Er nahm sich einen Kaffee und kicherte. Das war dann wohl mein Urgroßvater Elias.

„Jonas und Sophie heißen wir", sagte ich leise. Doch da war er schon wieder aus der Küche hinaus.

„Ihr werdet euch sicher an ihn gewöhnen", meinte Janis und schmunzelte. Mir war dieser große Mann irgendwie unheimlich. Und auch Sophie starrte immer noch auf die Tür, hinter der Elias so schnell wie er gekommen auch wieder verschwunden war.

Janis lachte. „Geht ruhig zu ihm. Er hat immer eine Menge zu erzählen." Sie begann, den Tisch abzuräumen.

Ich raffte mich auf. „Sophie? Sollen wir mal gucken?"

10 Die Darlings

Die Tür zu Elias' Zimmer stand offen. Sophie schlüpfte an mir vorbei und sah sich neugierig um. Kreuz und quer lagen überall Steine, Hölzer und verstaubtes Gerümpel.

„Was ist denn das?", brüllte sie erschrocken. Sie zeigte auf eine Schüssel auf dem Tisch, in der außer vielen unregelmäßig geformten Steinen auch ein kleines Skelett lag.

Elias drehte sich zu ihr um. „Mein Gott, Kind. Schrei doch nicht so. Das ist eine Fledermaus. Die tut dir nichts."

„Aber warum", stammelte Sophie, „liegt sie denn da mitten auf dem Tisch?"

„Sie liegt nicht auf dem Tisch", erklärte er. „Sie liegt in einer Schale aus Marmor. Und die Schale steht auf dem Tisch. Das ist ein Unterschied. Aber wenn du es wirklich wissen willst: Sie stammt aus einer Höhle. Eigentlich hätte ich sie damals nicht mitnehmen dürfen. Aber da wusste ich noch nichts."

„Also, was ist denn überhaupt eine Höhle?" Toll, wieder so eine typische Frage, die nur von meiner Schwester kommen konnte.

„Na, das ist doch klar", antwortete ich. „Eine Höhle ist ein dunkles Loch im Boden."

Elias verdrehte die Augen. „Nein, nein, so einfach ist das nun auch wieder nicht. Eine Höhle liegt nicht unbedingt unten im Boden. Sie kann sich ebenso in einer Felswand befinden. Die Höhle führt dann von dem Loch direkt in den Berg. Die Öffnung einer Höhle heißt unter uns Höhlenforschern übrigens Tagöffnung.

Halbhöhle in verschiedenen Sandsteinschichten in Utah, USA

Elias öffnete eine der unzähligen Schubladen eines riesigen Wandschranks.

„Jonas, komm du ruhig auch herein. Hier sind noch ein paar Bilder. Falls euch beide so etwas überhaupt interessiert."

In seinen Händen hielt er eine Pappschachtel. Auf dem zerfleddertem Deckel stand in Handschrift: Höhlen.

„Boahhh." Sophie stürzte sich sofort darauf. Sie sah schon wieder ganz munter aus.

Und es gibt auch sogenannte Halbhöhlen. Sie reichen gleichfalls nicht in den Boden hinein. Sie besitzen eine große Öffnung, sind jedoch nicht sehr tief und sehen eher wie eine Salatschüssel aus, die auf der Kante steht. Dunkel sind solche Höhlen im Übrigen ebenfalls nicht. Es ist nämlich genug Umgebungslicht von der offenen Seite vorhanden."

12 Was ist eine Höhle?

Sophie hatte bereits endlos viele Bilder aus der Pappschachtel auf dem Boden verteilt. „Und wie sieht so eine Höhle eigentlich von innen aus?", fragte sie Elias.

„So wie das Durcheinander, das du hier gerade verbreitest", meinte Elias und warf Sophie einen belustigten Blick zu. „Sie bestehen aus einem Gewirr von Gängen, großen Hallen, kleinen Kammern und Löchern. Ihre Hohlräume sind oft über viele Stockwerke miteinander verbunden. Manche Höhlen sind riesig, manche winzig, und als Höhlenforscher steckt man dann mitten in diesem Labyrinth. Die Gänge eines Höhlensystems können viele Hundert Kilometer lang sein. Die längsten Höhlen der Erde sind sogar so groß, dass man die Endpunkte noch nicht gefunden hat.

Es gibt auch Höhlen, die horizontal wie ein Straßennetz verlaufen, das sind sogenannte Horizontalhöhlen. In ihnen kann man sich recht bequem bewegen.

Horizontalhöhle

Schachthöhle

Dann gibt es andererseits Höhlen, die reichen tief in die Erde hinein. Man kann sie nur mit einem Kletterseil und guter Ausrüstung befahren. Die nennt man Schachthöhlen."

Sophie unterbrach ihn: „Mit 'nem Auto?"

„Nein. Das ist ähnlich wie bei einem Ballon. Da fliegt man zwar, aber man nennt es ‚fahren'. Und genauso befährt man auch eine Höhle. Auch sehr tiefe Höhlen reichen übrigens nie bis zum heißen Mittelpunkt der Erde. Sie sind auf die äußeren abgekühlten und festen Bereiche, nämlich die Erdkruste, beschränkt."

„Also dann gibt es sehr viele verschiedene Höhlen?", wollte ich wissen.

„Ganz genau. Und jede ist für sich einmalig. Denn so, wie es nie zwei gleiche Wolken gibt und auch kein Fingerabdruck einem anderen gleicht, ist jede Höhle auf der Erde einzigartig.

Es existieren zum Beispiel Höhlen, die noch vollständig mit Wasser gefüllt sind. Oder Höhlen, in denen noch Wasser steht oder fließt und das die Höhle stetig formt. Und dann gibt es sogar Höhlen, die mit Eis gefüllt sind, also Eishöhlen."

Unterirdischer See in der Lechuguilla-Höhle in New Mexico, USA

Ich betrachtete meine Fingerkuppen genau, mein Urgroßvater hatte recht.

„Sehr spannend sind auch Höhlen, in denen es immerzu tropft", fuhr Elias fort.

„Tropfhöhlen?", fragte meine Schwester erstaunt.

Elias lächelte sie an. „Das ist so fast richtig. Man nennt sie Tropfsteinhöhlen. Auf jeden Fall dann, wenn sich in ihnen Tropfsteine bilden."

Aufprall eines Wassertropfens auf einem Höhlensee in Carlsbad/New Mexico, USA

14 Die Lavahöhle

Ich überlegte: „Wie kann ich die Höhlen dann trotzdem voneinander unterscheiden?"
„Aufgrund ihrer Entstehung. Wir Forscher unterscheiden dabei die ‚Primärhöhlen' von den ‚Sekundärhöhlen'. ‚Primär' bedeutet ‚von Beginn an' oder ‚ursprünglich'. Solch eine Höhle hat sich also gleichzeitig mit dem sie umgebenden Gestein gebildet. Dem gegenüber heißt ‚sekundär' ‚zweitrangig'. Bei einer Sekundärhöhle war also das Gestein zuerst da. Erst danach hat sich in diesem Gestein die Höhle gebildet."

Blick in die weitläufige Caldera des Kilauea-Vulkans mit dem Halema'uma'u-Krater auf Hawaii, USA

Sophie hatte die Schachtel zur Seite gestellt. Um sie herum lagen die Bilder und Elias' Notizen wild verteilt. Scheinbar hatte sie trotzdem zugehört. Sie runzelte die Stirn und wirkte konzentriert.
„Hm ... das verstehe ich nicht, wie kann sich denn eine Höhle gleichzeitig mit den Steinen bilden? Steine sind doch nicht lebendig."
„Das nicht. Aber ..." Elias griff neben sich und zeigte uns ein schwarzes, silbrig schimmerndes Gebilde. „Ihr werdet es kaum glauben, doch dieser leichte Stein war einmal flüssig und hatte auch eine ganz andere Farbe. Und eigentlich ist es auch kein Stein, sondern ein erkaltetes Stück Lava."
Mein Herz begann, wie wild zu klopfen.

„Wow! Lava kenne ich auch. Sie wird in riesigen Brocken aus Vulkanen geschleudert."

Ein breites Grinsen zog sich über Elias' Gesicht. „Ganz genau. Bei vielen Vulkanausbrüchen fließt das glutflüssige Gestein, die Lava, aus dem Vulkan heraus. Sie ist heiß und strömt anfangs wie Wasser den Berg hinab. Ihre Farbe ist beim Austritt aus dem Vulkan meistens weiß bis gelb. Wenn die Oberfläche der heißen Lava an der Luft abkühlt, wird sie zuerst hellrot, schließlich dunkelrot und dickflüssig. Dann fließt sie nur noch so zäh wie Honig und schnell bildet sich eine dünne, brüchige Gesteinshaut. Ihr könnt euch das vorstellen wie die Haut, die beim Erkalten heißer Milch entsteht. Diese feste Gesteinshaut schimmert silbern oder sie ist schwarz. Genauso, wie bei diesem Lavastück. Die Hitze sieht man ihm nicht mehr an. Die feste Oberfläche wird nun immer dicker und ist nach wenigen Tagen hart wie ein begehbarer Straßenbelag.

Unter dieser Gesteinsschicht kann die übrige Lava weiter fließen. Sie ist jetzt vor der schnellen Abkühlung geschützt und es bildet sich eine Röhre mit einer festen Lavadecke und glutflüssiger Lava darunter. Dauert der Vulkanausbruch lange genug, fräst sich die Lava wie ein heißer Fluss in die Tiefe. Die so entstehenden Röhren können mehrere Meter hoch sein. Wenn der Lavafluss rasch nachlässt, entleert sich die Röhre. Jetzt ist eine Lavahöhle entstanden, die eine Länge von vielen Kilometern haben kann. Es gibt sogar Lavahöhlen, durch die man hindurchgehen kann."

„Wie jetzt?", fiel Sophie Elias einfach ins Wort. „Da drin ist es doch sicher ganz schön heiß?"

„Klar", fuhr Elias fort. „Während ihrer Entstehung ist die Hitze groß. Die Wände müssen natürlich erst abgekühlt sein. Das kann viele Jahre dauern."

Lavatemperaturen
(Durchschnittswerte)
dunkelrot: 650 °C   hellrot: 870 °C
gelblich: 1100 °C   weiß: 1260 °C

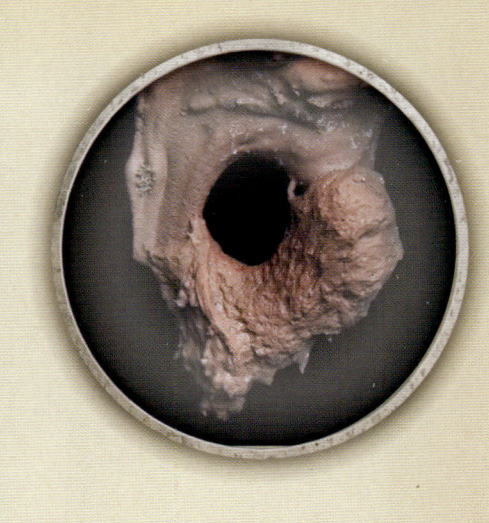

Die Tagöffnungen von Lavahöhlen sind oft sehr bunt. Sie entstanden, als noch Lava durch die Röhre floss. Hier austretende heiße Gase führten zu chemischen Reaktionen mit dem noch heißen Gestein, sodass es seine Farbe veränderte.

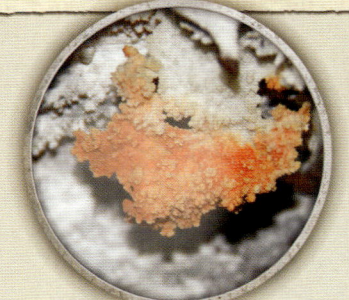

Ab und zu fallen Tiere in solche Löcher und kommen nicht mehr hinaus. Sie verhungern und sterben. Nach einigen Jahren sind nur noch ihre Knochen übrig geblieben.

Viele Lavahöhlen sind durch das schwarze Basaltgestein sehr dunkel. Es hat sich nach der Auskühlung kaum verändert. Kristallisieren aus dem Fels Kalk- und Gipsminerale aus, so können die Höhlen fast schneeweiß werden.

Andere Bereiche wieder sind bunt. Die unterschiedlichen Farben rühren von verschiedenen Bestandteilen der Lava her, die als Minerale an den Wänden austreten. Zum Beispiel Eisen.

Auch Mikroorganismen wie Bakterien können die Ursache solch farbiger Höhlenabschnitte sein.

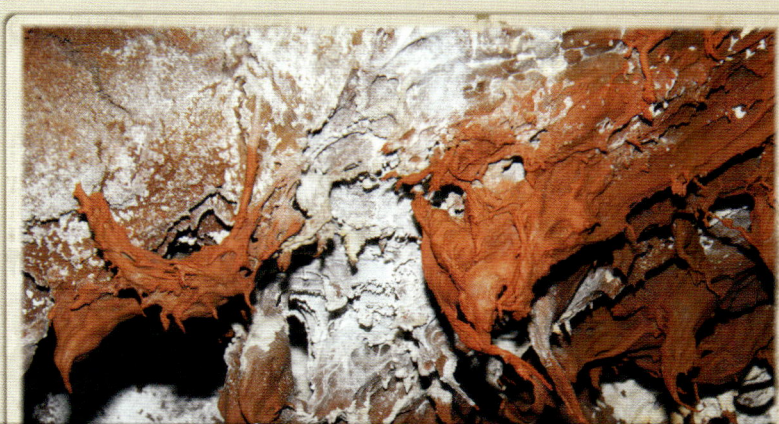

Man findet in Lavahöhlen auch bizarre Gebilde, die von den Decken oder Wänden hängen. Sie sind durch flüssiges Gestein entstanden, das entweder von der Decke getropft oder aus dem flüssigen Lavastrom nach oben gespritzt ist.

Lavahöhlen befinden sich oft dicht unter der Erdoberfläche. So wachsen Baumwurzeln durch die Decke bis in die Höhle hinein.

Die Baumwurzeln bieten kleinen Insekten einen Lebensraum.

Ich war gerade dabei, mir die Bilder in Ruhe anzusehen, als Sophie wieder drängelte.
„Wer ist dieser Mann?", unterbrach sie Elias' Erklärungen. Sie starrte fasziniert auf eine alte Fotografie. „Und ist das Loch neben ihm ein Eingang zu einer Lavahöhle?"
Elias legte den Lavabrocken zur Seite, schaute auf das Foto und schüttelte den Kopf.
„Nein. Was du hier siehst, ist der Eingang zur ,Wind Cave' in Süd-Dakota, hier in den USA. Und der Mann bin ich. Damals, als ich noch jung war und mehr Haare hatte. Es ist eine Sekundärhöhle. Erinnert ihr euch? Sekundär bedeutet, dass sich die Höhle in dem bereits vorhandenen Gestein nachträglich gebildet hat."
„Wie soll das denn gehen?", fragte Sophie.
Ich hielt die Luft an. Meine kleine Schwester ballerte immer neue Fragen heraus. Ich dachte, dass dies Elias sicher voll auf die Nerven ginge. Aber scheinbar gefiel es ihm. Zusammen mit Sophie wühlte er sich nun weiter durch die vielen alten Bilder.

Wind Cave/South Dakota im südlichen Teil der Black Hills

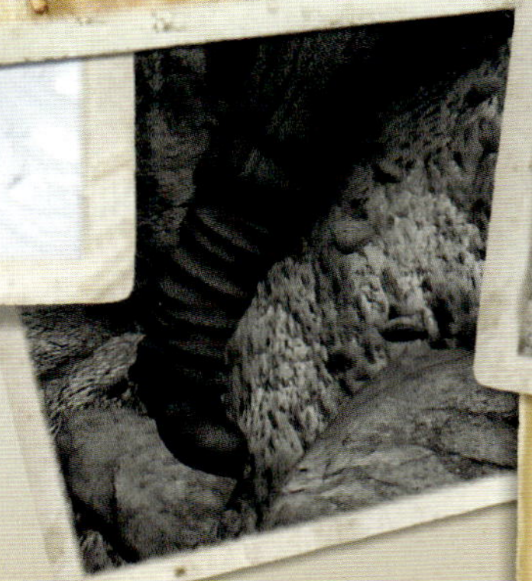

„Na ja", erklärte er. „Es können Tausende oder gar Millionen von Jahren vergehen, bis sich eine Höhle im Gestein geformt hat. Viele dieser Höhlen entstehen, weil der Felsen mithilfe des Wassers aufgelöst wird. Das nennt man ‚Korrosion' beziehungsweise ‚chemische Verwitterung'. Man spricht dann von einer Lösungs-, Korrosions- oder Laughöhle."

„Wasser soll Felsen auflösen?", unterbrach ich ihn. „Das soll ich dir jetzt glauben?"

„Aber ja! Wasser ist ein ganz besonderer Stoff! Menschen, Tiere und Pflanzen benötigen Wasser unbedingt zum Leben. Doch es kann auch zerstören. Das kannst du selbst ausprobieren.

Auflösung des Kalksteins durch Korrosion

Du schüttest ein wenig Kochsalz in Wasser und wartest kurz. Das Wasser löst die Salzkristalle schnell auf. Wasser kann sogar Felsen angreifen und vollständig auflösen. Dabei reagieren einzelne Bestandteile des Wassers, die Moleküle, mit den Oberflächenmolekülen des Felsens und nehmen gelöste Bestandteile des Steins mit. Wenn das an der Erdoberfläche passiert, entstehen erst kleine Vertiefungen, dann Rinnen, Wannen und Löcher. Und im Untergrund bilden sich Spalten und ganze Höhlen!"

In Gedanken sah ich mich schon eine Höhle basteln. Mit einem kleinen Helm auf dem Kopf. Und Sophie, wie sie bis zur totalen Erschöpfung Wassereimer schleppte. „Dann bildet sich eine Höhle ganz schnell?", fragte ich. Elias hob die Augenbrauen. „Nein, eher langsam. Im Gegensatz zu Kochsalz lösen sich andere Gesteine, wie etwa Granit oder Schiefer, viel schwerer und damit langsamer in Wasser. Außerdem benötigt das Wasser Hilfe, um ein Gestein lösen zu können."

„Wer hilft ihm denn?", hakte ich nach.

„Zum Beispiel Kohlensäure. In Wasser gelöstes CO_2 bildet Kohlensäure. Dieses kohlensaure Wasser ist viel aggressiver als reines. Stellt euch einmal vor, ein Wassertropfen hätte eine Hand zum Herausreißen von kleinsten Felsteilchen und plötzlich kommt die Verstärkung von hundert weiteren Händen hinzu. Saures Wasser kann zum Beispiel Kalkstein auflösen, sodass dort eine Höhle entsteht."

CO₂ aus der Luft

CO₂ aus dem Boden

CO₂ im Wasser löst den Stein.

In den Fels eindringendes Regenwasser

„Aber warum ist denn ausgerechnet der Kalkstein so wichtig?", wollte ich wissen.

„Der Kalkstein existiert recht häufig auf der Erde, weil er auf viele Arten entstehen kann." Sophie schaute ehrfürchtig zu Elias. Seine Worte fesselten sie nun mehr als die herumliegenden Bilder. „Hmmm. Und wie wird das Wasser überhaupt sauer?"

„Regenwasser ist schon etwas sauer, da CO_2 ein Bestandteil der Luft ist. Wenn der Regen im Boden versickert, nimmt er noch mehr CO_2 auf. Denn im Boden befinden sich Wurzeln und Mikroorganismen, die viel CO_2 abgeben. Dadurch wird das Wasser noch saurer."

Sophie fragte: „Und wie entsteht dann die Kalksteinhöhle?"

Elias antwortete: „Das Wasser dringt selbst in feine Ritzen und Spalten ein und löst den Kalkstein langsam auf. Über Tausende von Jahren bildet frisch einsickerndes saures Wasser aus diesen Rissen durch Korrosion große Höhlen. Es kann so viel Wasser in einer Höhle stehen, dass sie ganz gefüllt ist. Man findet auch Seen oder kleine Flüsse. Überall wo Wasser ist, löst sich der Fels weiter auf und die Höhle wächst."

Mein Urgroßvater stand auf und ging zu einem Regal. Für einen Moment erinnerte er mich an unseren Vater. Von hinten hätte ich ihn glatt verwechselt. Nur die weißen Haare und die gebeugte Gestalt verrieten, dass er viel älter war.

„Wie schade, dass so etwas nicht auch bei uns in Deutschland vorkommt", sagte ich leise.

Er drehte sich um, hielt weitere Bilder in der Hand und gab sie mir. „Habt ihr doch. Gebiete, in denen viel Kalkstein vorkommt, werden Karstgebiete genannt. Bei euch in Deutschland ist das die Schwäbische Alb, Teile des Sauerlandes, des Harzes und der Alpen und …"

Kalkstein ist ein Sedimentgestein. Er kann aus Wasser, das aus Meeresbecken oder Seen verdunstet, ausfällen oder von Organismen gebildet werden. Zum Beispiel durch Tiere wie Korallen, Schnecken und Muscheln. Deren Kalkskelette kann man oft in Riffkalken als gut sichtbare Fossilien finden.

Makroaufnahme eines Sandstrandes

Mein Kopf fühlte sich so langsam wie ein löchriger Kalkstein an. „Okay", versuchte ich zusammenzufassen. „Alle Höhlen bestehen aus Lava oder aus Kalkstein, richtig?"
Da kam Tante Janis ins Zimmer. Sie trug ein Tablett vor sich her. Drei Tassen mit Kakao und ein Teller voller Kekse lachten mich an. Genau das, was ich jetzt brauchte.
„Ja", fuhr Elias fort. „Das könnte man meinen, so wie ich es bis jetzt erklärt habe. Aber auch in vielen anderen Gesteinen können sich Höhlen bilden."
„In welchen denn?" Sophie stopfte sich Kekse in den Mund und sah ihn fragend an.

„Na, zum Beispiel in Gips, Dolomit, Anhydrit oder Sand."
Sophie murmelte: „Anhy... was? Das kenne ich nicht. Aber Sand, klar, den kenne ich vom Strand."
Schnell und geschmeidig glitt Elias' Hand zum Teller und ehe ich Piep sagen konnte, hatte er alle Kekse an sich gerissen. Dann grinste er nur und fuhr fort: „Im losen Sand am Strand können sich keine Höhlen bilden, aber eben im Sandstein. Er besteht aus Sandkörnern, die sich abgelagert haben. So kann sich zum Beispiel aus ehemaligen Sanddünen oder Sandstränden Sandstein bilden."

Oh Mann, das konnte ich mir ja nun gar nicht vorstellen. Kekskrümel fielen auf Elias' Schoß. Er erklärte: „Damit Sandstein entsteht, sind hoher Druck und hohe Temperaturen nötig."

„Am Strand klopfe ich den Sand auch immer platt, bevor ich ein Loch hineingrabe", bekräftigte Sophie.

„Es reicht natürlich nicht, dass man auf den Sand klopft oder auf ihm herumhüpft, um dadurch Druck zu erzeugen", ergänzte Elias. „Und auch alle meine Bücher aufeinandergestapelt oder sogar das Haus selbst reichen nicht aus. Damit Sandstein entsteht, muss der Sand viele Kilometer unter der Erdoberfläche liegen.

Dünen aus erodiertem Sandstein, Arizona, USA

Makroaufnahme von Sandstein in Utah, USA

Also ungefähr dreißig bis vierzig Mal so tief, wie der Kölner Dom hoch ist. Durch den hohen Druck in der Tiefe wird es so warm, dass man ein Ei braten könnte. Unter so viel Druck und Wärme werden die einzelnen Sandkörner durch eine Art Zement zusammengekittet. Genau diesen Zement löst das Wasser dann rasch wieder auf. Der Sandstein zerfällt in Sandkörner und es können sich Höhlen bilden. Wenn dann das Wasser die herausgelösten Sandkörner wegtransportiert, nennt man das Erosion. Erosion ist die mechanische Verwitterung von Gestein."

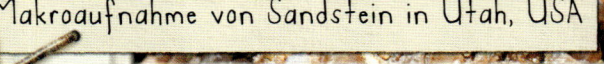

Verwitterter Sandstein im Arches-Nationalpark in Utah, USA

24 Die Brandungshöhle

Meine Schwester wedelte wie eine Irre mit meinem Bild vor Elias' Nase herum. „Da! Wer ist dieser Mann am Meer? Bist das auch wieder du?"

Elias lachte laut. „Ja, das bin auch wieder ich, als ich jung war, und ich schaue mir die Brandung an. Wenn du genau hinsiehst, erkennst du, wie die Wellen in eine Höhle auslaufen."

„Also eine Brandungshöhle?", fragte ich.
„Genau. Auch durch die Brandung des Meeres, die gegen ein Felskliff prallt, können Höhlen entstehen. Ähnlich wie eine Säure ist das salzige Meerwasser sehr aggressiv. Deshalb rosten zum Beispiel Autos in der Nähe des Meeres viel schneller. Auch das ist wieder die Korrosion.

Zusätzlich haben größere Wellen eine starke mechanische Kraft. Nach unzähligen Wellenschlägen ist die Gesteinsoberfläche irgendwann so angegriffen, dass Gestein aus dem Kliff herausgerissen wird. Das ist in etwa so, als würdest du mehrfach mit einem Hammer gegen die Felswand schlagen, bis Stücke herausbrechen. Dies können sandkorngroße Teilchen oder gar Gesteinsbrocken sein. Man nennt das dann wieder Erosion."

Viele Brandungshöhlen liegen bei Ebbe, also dem Niedrigwasser, im Trockenen und man kann sie betreten. Aber bei Flut, dem Hochwasser, werden sie so schnell überschwemmt, dass die Gefahr besteht, darin zu ertrinken.

„Eine Höhle ist das nun aber auch noch nicht", fand Sophie.
„Tja, die Kraft des Wassers wird noch stärker, wenn die Wellen Sand, Kiesel, Korallen oder andere Trümmer mit sich bringen und gegen das Kliff schleudern. Diese Teilchen im Wasser wirken wie grobes Schleifpapier.

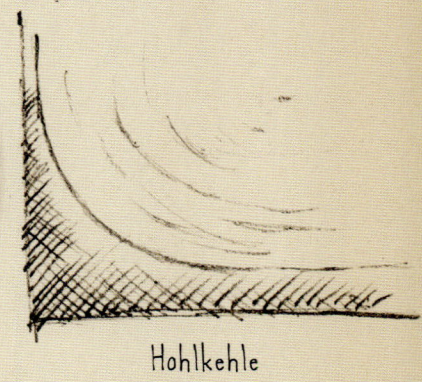

Hohlkehle

Sie zerstören langsam, aber stetig die Felsoberfläche. Nach und nach entstehen zuerst kleine Löcher, und schließlich größere Hohlkehlen. Stürzt dann das darüberliegende Gestein nicht nach, können sich richtige Höhlen ausbilden. Durch Korrosion und Erosion verändert sich das Gestein. Denkt noch mal an die Auflösung von Kochsalz in Wasser. Das wäre zum Beispiel Korrosion, also chemische Verwitterung. Das Zerdrücken der Salzkristalle mit einem Löffel oder das Wegspülen der Salzkristalle mit Wasser, bevor sie aufgelöst sind, wäre Erosion, also mechanische Verwitterung."

Jetzt wedelte Sophie mit einem Foto direkt vor meinen Augen herum. Ganz kurz dachte ich darüber nach, meine Schwester irgendwo zum Verkauf anzubieten. Sie nervte. Und ich wusste, was mein Vater meinte, wenn er manchmal kopfschüttelnd sagte: „Frauen!"
„Toll, was es alles so gibt", quiekte sie wie ein Meerschweinchen. „Und woher kommt dieser Riss hier im Berg?"
Ganz deutlich konnte ich ein bestätigendes Lächeln in Elias' Gesicht sehen.
„Das ist eine Kluft. Klüfte, besser bekannt als Spalten, sind Bereiche, in denen das Gestein auseinandergebrochen ist. Das Auseinanderbrechen kann tief in einem Berg, aber auch nahe der Oberfläche geschehen. Zum Beispiel durch Erdbeben. Die Breite der Spalten reicht von wenigen Millimetern bis zu einigen Metern. Wenn solche Spalten durch Wasserlösung erweitert werden, kann eine Höhle entstehen."

„Aaah ... ja", hauchte Sophie. Sie nahm sich einen weiteren Stapel Bilder vor. „Jonas, jetzt kannst du mir sicher sagen, was das hier ist." Sie zeigte auf ein großes rechteckiges Foto mit einem braungrauen Gebilde und fuchtelte dann aufdringlich mit ihrem Finger vor meiner Nase herum.

„Das ist dein kleiner, stinkiger Finger", blaffte ich sie an. „Und wenn du so weitermachst ..."
Elias legte eine Hand auf meine Schulter und unterbrach mich. „Ach Junge, nun reg dich mal ab. Das ist ein Tropfstein. Höhlenforscher nennen es Speläothem. So etwas wächst in Höhlen."

Sophie quiekte wieder. „Wie? Solche Dinger wachsen? Das sieht doch aus wie ein Stein. Ist das etwa lebendig?"

„Nein, nein, natürlich sind solche Tropfsteine nicht lebendig. Aber Wasser, das Kalkstein gelöst und eine Höhle geschaffen hat, kann an anderen Orten neue Gesteinsgebilde schaffen, die dann wachsen. Das gelöste Gestein ist erst einmal in kleinste Teilchen, sogenannte Moleküle, zerlegt und im Wasser enthalten. Oft muss das Wasser diese Teilchen an anderer Stelle wieder abgeben. Dort bildet sich neuer Kalkstein. Der ist meistens viel schöner als der zuvor gelöste Stein. Die Entstehung von neuen Gesteinen geschieht sehr langsam. Es dauert Hunderte oder gar Tausende von Jahren. Das neue Gestein nennt man Sinter oder Tropfstein.

Solche Verfärbungen im Tropfstein entstehen durch Verunreinigung des kohlensauren Kalks ($CaCO_3$) oder durch Mineralien.

Ganz richtig heißt es Speläothem."

„Elias, schau mal, ich hab hier …"

„Jetzt halt mal deine Klappe, Sophie. Ich hab auch noch 'ne Frage!"

„Ach Junge, lass deiner Schwester doch ihre Freude. Das erinnert mich an meine Begeisterung, als ich selbst jung war."

„Jaja", hallte es aus der Küche herüber. „Da hat Elias mir Geschichten erzählt …"

Ich rief hinüber zu Janis: „Und? Findest du die Höhlen etwa nicht toll?"

„Doch, doch", erwiderte sie. „Aber das ist ja alles so anstrengend."

Elias beugte sich zu mir hinunter. „Ja, unsere Janis", sagte er leise. „Die hat ja immer nur gegessen und ist durch die Küche gerollt … Was wolltest du gleich noch wissen?"

Ich kicherte leise in mich hinein.

28 Wachsende Steine

Ich fragte: „Die Speläotheme. Das verstehe ich nicht. Wie kann denn Wasser so etwas bilden? Dass Sand oder Steine in einem Bach liegen bleiben, verstehe ich ja noch, aber woher kommen denn so komische Formen?"

Geduldig erklärte Elias: „Bei der Lösung von Kalkstein hilft das CO_2 dem Wasser, das Gestein zu lösen. Erinnert euch an die vielen ‚helfenden Hände', die die Teilchen aus dem Felsen gerissen haben. Nun halten sie die fest. Solange genug CO_2 im Wasser ist, bleibt auch der gelöste Kalk darin. Und solange sich das Wasser im Felsen befindet, funktioniert das auch sehr gut: Der Fels drückt von allen Seiten so stark auf das Wasser, dass weder das CO_2 noch der Kalk hinauskönnen.

Jetzt stellt euch vor, das Wasser tritt als Tropfen aus dem Fels. Nun ist der Tropfen nicht mehr von Gestein umgeben. Er hängt frei in der Luft und der Druck des Gesteins ist weg. Das im Wasser gelöste CO_2 entweicht langsam, jetzt als Gas. Ihr kennt das von einer Sprudelflasche. Sie steht unter Druck, da man zuvor CO_2 hineingepresst hat.

Kohlensaures Wasser tritt aus dem Fels aus und das CO_2 entweicht.

Kalkkristalle sammeln sich an der Tropfsteinspitze innerhalb des Wassertropfens. Wenn das über Hunderte oder Tausende von Jahren an derselben Stelle passiert, wachsen kleine oder große Gebilde heran, die man Tropfsteine nennt.

In der geschlossenen Flasche bemerkt man das Gas nicht, das CO_2 kann nicht hinaus. Öffnet man aber den Deckel, entweicht der Druck schlagartig mit einem Zischen. Viele kleine Bläschen steigen auf, denn das CO_2 hat jetzt Platz nach oben, wird gasförmig und entweicht in die Luft. Das Gleiche passiert in dem Wassertropfen in der Höhle, aber nicht so schnell und auch nicht sichtbar.

Ohne CO_2 fehlen dem Wasser nun die vielen ‚helfenden Hände' der Kohlensäure, um den Kalk festzuhalten. Die kleinen Kalkmoleküle, die an die Säure gebunden waren, sind wieder frei. Die Kalkmoleküle finden sich neu zusammen und sie bilden Kalkkristalle. Diese heften sich an die Höhlendecke um den Tropfen an. Es bildet sich neues Gestein!"

Frei hängender Wassertropfen vor dem Abfallen

Tropfsteine, die sich an der Decke bilden, nennt man Stalaktiten.

Das Wasser fließt oft durch ein Loch in der Mitte nach unten ab. Es können viele Meter lange, dünne Röhren entstehen. Hier erkennt man noch das Loch in der Mitte des abgebrochenen Tropfsteins. Auch die einzelnen Schichten des abgelagerten Kalksteins sind sichtbar.

Diese Grille hat als ständiger Höhlenbewohner über viele Generationen die Farbe verloren und ist nun weiß.

Die bunten Salamander besuchen die Höhle nur ab und zu.

Verstopft das Loch in der Mitte, muss sich das Wasser einen neuen Weg suchen und es fließt an der Seite nach unten ab. Beim Hinabfließen lagert sich der Kalk auf dem Tropfstein ab und dieser wird dicker.

Es gibt auch Tropfsteine, die vom Boden nach oben wachsen. Das sind Stalagmiten. Sie entstehen, wenn Tropfen von der Decke fallen und auf dem Boden aufprallen.

Fallende und zerplatzende Wassertropfen. Auf dem Weg und beim Zerplatzen auf dem Boden entweicht weiteres CO_2. So wird noch mehr Kalk frei, der nun auf dem Boden Kristalle bildet. Diese Kristalle wachsen nach oben, der Decke entgegen.

Wenn sich Stalaktit und Stalagmit treffen, werden sie zu einer Tropfsteinsäule, einem sogenannten Stalagnat.

32 Wachsende Steine

„Aber warum sehen die Tropfsteine denn alle so anders aus?", wollte Sophie wissen.
„Anders aus?" Ich lachte. „Du meinst wohl so unterschiedlich."
„Sag ich doch", kam es von Sophie zurück.
„Nö! Sagtest du nicht. Meinst du aber."
„Kinder, Kinder", seufzte Elias. „Im Grunde habt ihr beide recht. Sie unterscheiden sich und jeder sieht anders aus. Tropfsteine haben unendlich viele Formen. Je nachdem, welche Mineralien das Wasser im Boden aufgenommen hat, können Tropfsteine fast alle Farben haben. Weiß, Grau und Braun kommen dabei am häufigsten vor.

„Liquorice Stick", Lakritzstange

Die Formen der Tropfsteine hängen von vielen Einflüssen ab, wie zum Beispiel von der Fallhöhe, der Tropfgeschwindigkeit und vom Kalkgehalt. Manche Formen besitzen sogar Namen wie Spaghetti, Fahnen, Bambus, Palmen, Perlen und so fort. Neben den Tropfsteinen gibt es noch viele andere Gebilde in Höhlen, die aber nichts mit tropfendem Wasser zu tun haben. Verdunstet Wasser einfach nur aus den Wänden, kann das sogenannte Popcorn entstehen. Wird Wasser aus dem Boden gedrückt und verdunstet, bezeichnet man es als Engelshaar."

Tropfsteinhöhle

Höhlenperlen, New Mexico, USA

Gipskristalle der Lechuguilla-Höhle in New Mexico, USA

S ophie war auf einmal ganz ruhig. Bestimmt dachte sie gerade darüber nach, wie sie all das Wasser in ihrem Körper verdunsten lassen könnte und wie ihr dann auch die Haare eines Engels wachsen würden. Oder ob vielleicht bei ihrem nächsten Schnupfen Perlen entstünden, wenn es aus ihrer Nase tropfte.

Ich selbst stellte mir vor, wie ein Wassertropfen aus unendlicher Höhe in unendliche Tiefe zu fallen. Elias schien den Moment der Ruhe zu genießen, bis uns erneut ein entzückter Aufschrei Sophies zusammenzucken ließ.

„Das sind ja coole Tropfsteine. Sie sind durchsichtig."

„Das sind keine Tropfsteine", sagte Elias. Er stand auf, verließ den Raum und kam nicht mehr zurück. Nach einer Weile sah mich meine Schwester an. „Hab ich was Falsches gesagt?" Ich blickte auf das Foto. „Das sind keine Tropfsteine. Es sieht mehr aus wie Eis." Gerade wollte ich in die Küche gehen, um nach Elias zu sehen, da stand er wieder in der Tür. In seinen Händen hielt er einen alten, fleckigen Sack. Als er ihn umdrehte, fielen unter lautem Krachen ein paar Gegenstände auf den Boden.

Und ein weiterer Schwung Fotos.

„Schau mal, Jonas", flüsterte Sophie. „Hier liegt noch ganz viel Schnee und dahinten blühen die bunten Blumen wie im Frühling. Und trotzdem sieht es aus wie Sommer."

„Aber natürlich, so ist das eben in den Bergen. Was denkst du denn", murmelte Elias leicht erschöpft. „Und genau darum ist hier auch eine Eishöhle. Die ist das ganze Jahr über voller Eis.

Während Tropfsteinhöhlen nahezu überall zu finden sind, benötigen Eishöhlen dagegen ganz besondere klimatische Bedingungen. Sie kommen trotzdem in allen Klimazonen der Erde vor, von den Tropen bis zu den Polarregionen."
„Aber sind die Tropen nicht zu warm?", wollte ich wissen.

Elias nickte. „Grundsätzlich sind sie zu warm, ja. Aber sogar dort kann es auf sehr hohen Bergen kalt genug für Dauereis werden. Zumindest in Höhlen. Das Eis in Eishöhlen existiert nämlich auch in Gebieten, in denen der Schnee nur im Winter liegen bleibt." Er deutete auf eines der Fotos in Sophies Händen. „Auch im Inneren dieses Berges ist es eigentlich zu warm für dauerhaftes Eis. Ihr seht ja, dass es hier gerade abschmilzt. Eine Felsoberfläche kann sich stark erhitzen und abkühlen. Doch im Felsinneren gibt es kaum noch Temperaturänderungen. Die Temperatur des Gesteins entspricht dort der durchschnittlichen Außentemperatur eines ganzen Jahres."

Inmitten der alten Fotos lag ein zusammengerolltes Pergament. Elias nahm es, setzte sich wieder und rollte es auseinander. Es war ein Schaubild.

„Seht mal", erklärte er. „In dieser Höhle gibt es Eis, weil sie so besonders geformt ist. Das ist eine Sackhöhle. Wenn es im Winter draußen kalt ist, dringt kalte Luft in die Höhle ein. Weil kalte Luft schwerer ist als warme, strömt sie wie Wasser in die unteren Bereiche. Höher liegende Teile werden durch die kalte Luft nicht erreicht und bleiben warm.

Auf ihrem Weg in die Höhle kühlt die Luft die Felsen im Eingangsbereich der Höhle ab. Gleichzeitig erwärmt der Fels aber auch die einfließende Luft. Nach einigen Hundert Metern haben der Fels und die Luft dieselbe Temperatur.

Genau das Gleiche passiert, wenn ihr im Winter die Haustüre öffnet und kalte Luft ins Haus eindringt. Direkt an der Tür wird euch ganz kalt, während weiter hinten im Haus die Luft schon wärmer wird. Ist jetzt gleichzeitig die Kellertür geöffnet, wird es dort richtig kalt, da die kalte Luft in den Keller strömt. Eine Etage über der Haustüre merkt man nichts von der Kälte, da die warme Luft hier hängen bleibt. In vielen Höhlen fließt die kalte Luft im Winter hinein und wird erwärmt. Da kann es schon mal Eis am Boden des Eingangsbereiches geben, aber das taut recht schnell wieder ab.

Einige Höhlen oder Höhlenbereiche sind jedoch nicht besonders lang und führen nach unten. Und bisweilen führt eine Öffnung direkt sackartig nach unten. In dieser Sackhöhle hat die Luft keine Zeit, sich zu erwärmen. Die Kaltluft fließt am Boden ein und bleibt dort liegen. Dabei kühlt sich das Gestein am Boden sowie an den unteren Wänden immer stärker ab, vorhandenes Wasser gefriert. Der Vorgang wiederholt sich im Winter mehrfach. Immer kältere Luft dringt in die Höhle ein und so wird die wärmere nach oben hinausgedrückt.

kalter Luftstrom

wärmere Luft

Sackhöhle

Auf diese Weise bleibt also nur die Höhlendecke warm. Ganz unten in der Höhle bildet sich ein sogenannter Eiskeller aus."
„Und diese Höhle ist hier in der Nähe?", unterbrach ich ihn. „Können wir dahin?"
„Nein!", kam es von Elias zurück. „In dieses Ding werde ich keinen Fuß mehr setzen."
„Aber ..."
„Nichts ‚aber'. Diese Höhle hat mich die letzten dunklen Haare gekostet. Sie birgt ein Geheimnis, das niemand lüften kann. Man verzweifelt in ihr, weil es keine Antworten gibt."
„Antworten worauf?", wollte ich wissen.
„Auf das Licht", brummelte mein Urgroßvater. „Das unsägliche Licht."

Elias fuhr fort: „Doch jetzt hört weiter zu. Im Frühling wird es draußen wärmer. Die Warmluft kann nicht in die Höhle vordringen, weil sie leichter ist als die schwere Kaltluft am Boden der Höhle. Am Berg sickern der schmelzende Schnee oder der Regen durch das Gestein nach unten und kommen nach einiger Zeit als Wassertropfen an der warmen Höhlendecke an. Ist die Lufttemperatur an der Decke über dem Gefrierpunkt, tropft das Wasser hinab und gefriert am kalten Höhlenboden. Nun wachsen Eis-Stalagmiten.

Ist die Luft an der Höhlendecke auch kalt, dann gefriert das austretende Wasser bereits an der Decke und es entstehen Eis-Stalaktiten.

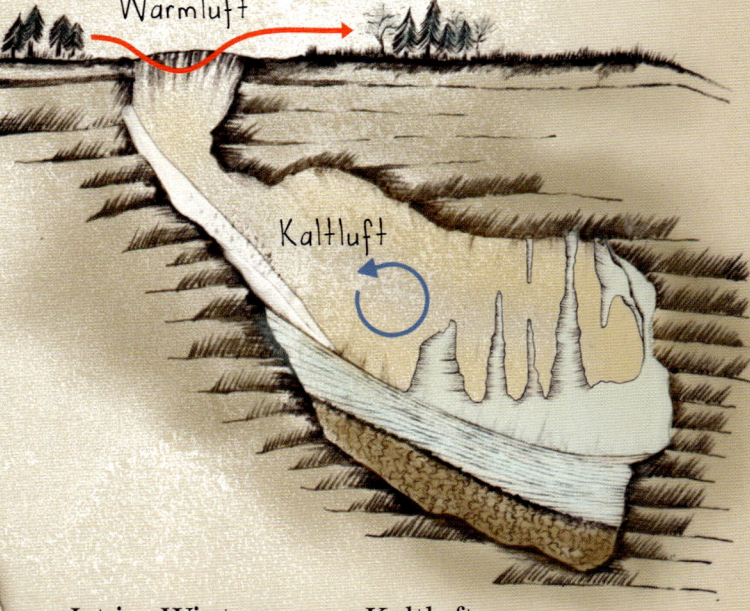

Eistunnel in der Schellenberger Eishöhle

Ist im Winter genug Kaltluft eingedrungen und kann kein warmer Wind diese vertreiben, dann überdauert das Eis den Sommer. Diese Bedingungen können über Hunderte oder Tausende von Jahren gleich bleiben. Wenn genügend Wasser gefriert und nicht wieder abtaut, bildet sich ein unglaublich dicker Eiskörper. Das Eis lagert sich in verschiedenfarbigen Schichten übereinander ab. Manche Höhlen sind so prächtig, dass sie zu Schauhöhlen ausgebaut wurden. Bei euch in Deutschland ist das die Schellenberger Eishöhle. Sie liegt in den Alpen bei Berchtesgaden."

Ich sah auf die vielen Bilder, die inzwischen im Kreis um Sophie herum lagen.

Elias' Worte schwirrten in meinem Kopf: „Das unsägliche Licht". Ich wollte wissen, was es damit auf sich hatte.

So ging ich zu Janis, während Sophie und Elias weiter die Bilder betrachteten. „Tante Janis, was meint Elias mit dem Geheimnis um das Licht?"

Janis füllte mir einen Eistee in ein Glas und setzte sich zu mir an den Tisch. „Vor vielen Jahren, lange bevor ich geboren wurde, sahen die Menschen aus der Gegend

ein Licht im Berg. Einige von ihnen jedenfalls. Sie sprachen von Diamanten oder sogar Gold. Von etwas, das so stark leuchtet, dass man ohne Lampe durch diese Höhle gehen kann. Dann zogen sie los. Immer wieder und wieder. Aber nie hat wirklich jemand etwas gefunden. Das war der Grund dafür, dass Elias Forscher wurde. Er hat alles über Höhlen herausgefunden."

„Und?" Ich trank den kühlen Eistee in einem Zug aus und spürte, wie sich Aufregung in mir ausbreitete.

„Nichts und", sagte Janis trocken. „Das Leuchten hat Elias nie gesehen. Deswegen reagiert er auch immer etwas spröde, wenn es um die Höhle geht. Ihr solltet ihn besser nicht mehr danach fragen."

Wie in einem dichten Nebel verloren sich meine Gedanken. Vielleicht hatte sie recht ...

Ich nahm noch ein Glas Eistee und ging zurück in Elias' Zimmer.

Als ich Elias' Zimmer wieder betrat, strahlte Sophie mich an. „Das Glas kannst du hier lassen. Wir brechen gleich auf."

„Wir machen was?"

„Du hast deine Schwester gehört." Elias' Stimme war fest. „Wir brechen auf. Zur Höhle. Wir packen das Zelt und die Isomatten ein. Dann geht es los."

„Und ich werde mir Kristalle und Höhlenperlen mitbringen. Und mir werden Engelshaare wachsen", klang es wie ein Lied aus Sophies Mund.

„Genau das wirst du bleiben lassen", erwiderte Elias. „Du darfst nie etwas aus Höhlen mitnehmen. Stell dir mal vor, was passiert, wenn das jeder macht. Dann sind die Höhlen leer und es gibt nichts mehr zu sehen."

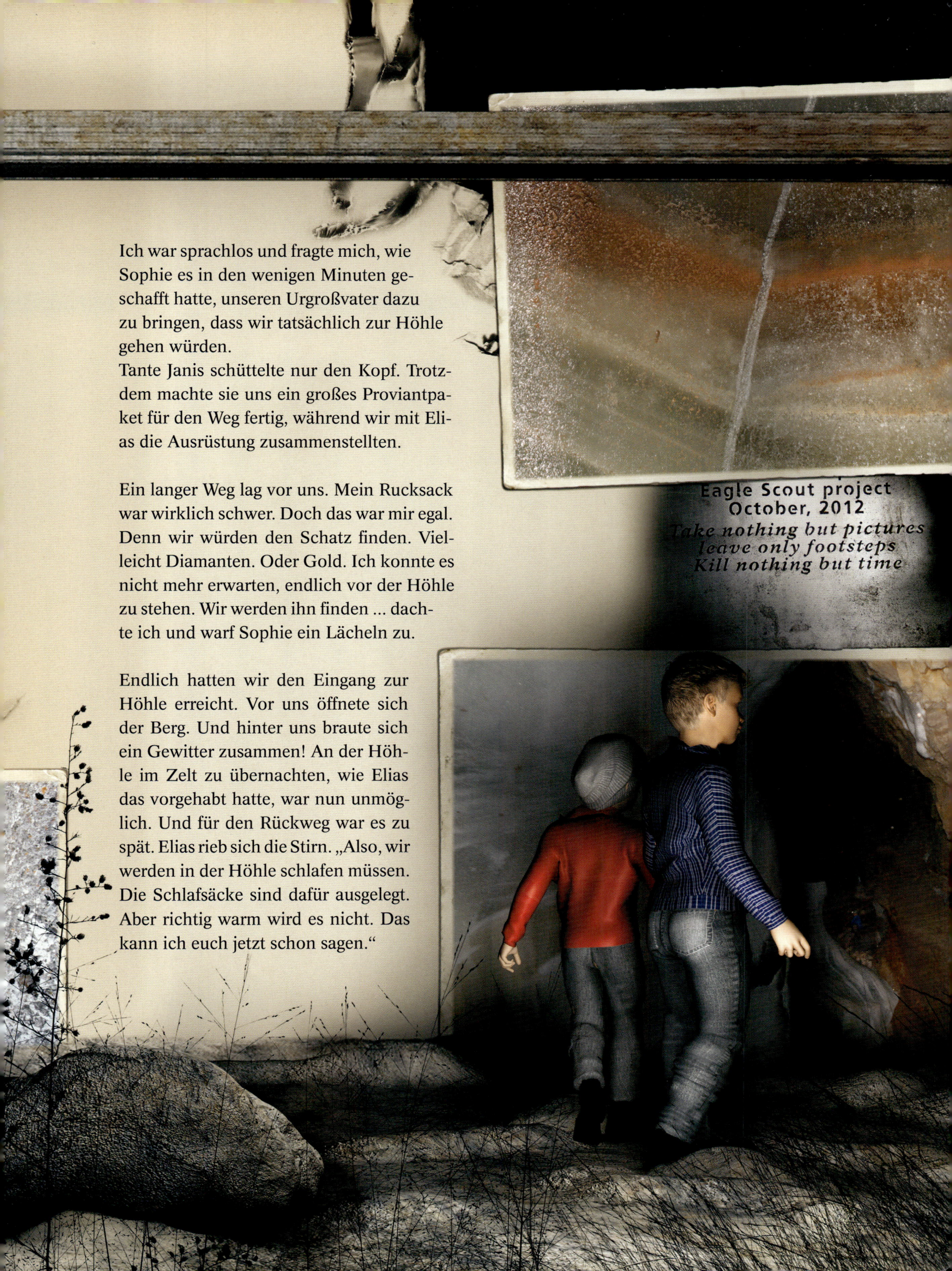

Ich war sprachlos und fragte mich, wie Sophie es in den wenigen Minuten geschafft hatte, unseren Urgroßvater dazu zu bringen, dass wir tatsächlich zur Höhle gehen würden.

Tante Janis schüttelte nur den Kopf. Trotzdem machte sie uns ein großes Proviantpaket für den Weg fertig, während wir mit Elias die Ausrüstung zusammenstellten.

Ein langer Weg lag vor uns. Mein Rucksack war wirklich schwer. Doch das war mir egal. Denn wir würden den Schatz finden. Vielleicht Diamanten. Oder Gold. Ich konnte es nicht mehr erwarten, endlich vor der Höhle zu stehen. Wir werden ihn finden ... dachte ich und warf Sophie ein Lächeln zu.

Endlich hatten wir den Eingang zur Höhle erreicht. Vor uns öffnete sich der Berg. Und hinter uns braute sich ein Gewitter zusammen! An der Höhle im Zelt zu übernachten, wie Elias das vorgehabt hatte, war nun unmöglich. Und für den Rückweg war es zu spät. Elias rieb sich die Stirn. „Also, wir werden in der Höhle schlafen müssen. Die Schlafsäcke sind dafür ausgelegt. Aber richtig warm wird es nicht. Das kann ich euch jetzt schon sagen."

Eagle Scout project
October, 2012
Take nothing but pictures
leave only footsteps
Kill nothing but time

Bevor ich „oh" oder „ah" sagen konnte, stapfte Elias los. Dicht gefolgt von Sophie, die in der Hoffnung auf Engelshaar ganz ungeahnte Energien entwickelte.
Der Stein um uns herum schien zu atmen. Immer tiefer gingen wir in den Berg. Die Wände waren nass. Das schwache Licht unserer Kopflampen warf Schatten.
Stunden schienen vergangen zu sein. Endlich fanden wir einen flachen und geeignet großen Bereich, öffneten unsere Rucksäcke und holten die Schlafsäcke heraus.
Das ruhige Schnaufen, das Elias von sich gab, während er einschlief, beruhigte mich.

Wirklich lange konnten wir nicht geschlafen haben, als mich Sophie weckte. Um uns herum war es hell. Hell, obwohl wir alle unsere Lampen ausgeschaltet hatten.
„Sieh mal, Jonas", flüsterte sie, „überall sind Lichter! Wie funkelnde Diamanten."
Ich rüttelte Elias wach. Völlig durcheinander, die Augen noch geschlossen, fing er sofort zu reden an. „Über Tausende von Jahren können sich mächtige Tuffschichten bilden. Bei dieser Ablagerung ..."

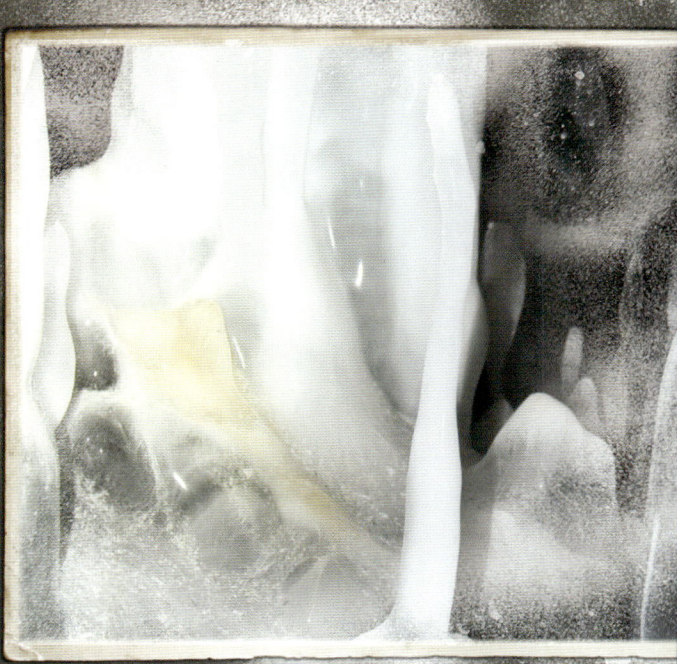

Wäre er jemals in einer Vollmondnacht in der Höhle geblieben, hätte er sich die Jahre der Suche sparen können. Vor uns lag ein Feld voller Skulpturen aus Eis.

Ich rüttelte fester. „Elias, sieh doch mal. Da!" Ich streckte meinen Arm in die Höhe.
Dort, hoch oben an der Decke, brach ein dünner Lichtstrahl mitten durch das Gestein.
„Das unsägliche Licht", so hatte es Elias genannt. Ohne es zu wissen, war unser Urgroßvater seinem Geheimnis über all die Jahre so nahe gewesen!

Mondlicht, das sich so wie das Wasser durch die dünne Öffnung im Fels einen Weg gesucht hatte, beschien die Formen. Engel, die ihre Flügel zum Schlafen auf den Boden gelegt hatten. Das Licht zeichnete Adern in die milchigen Gebilde und hauchte ihnen Leben ein. Und so schnell, wie es gekommen war, verschwand es. Um uns war wieder Dunkelheit.

Bis zum Anbruch des Tages verbrachten wir die Zeit mit Elias in der Höhle und lauschten seinen Worten und Erzählungen. Im Lichtkegel der Kopflampen formten wir Schatten. An Schlaf wollten wir nicht denken. Selbst Elias schien nicht mehr müde zu sein. Ich drückte ihn fest, während Sophie auf seinem Schoß saß und sich an ihn kuschelte.

„Manchmal muss man langsam sein", sagte ich zu Elias, „und sich Zeit lassen."
Er lachte und nickte.
Als wir die Höhle wieder verließen, drehten wir uns nicht mehr um. Auch auf dem Rückweg, der kürzer zu sein schien als der Weg zum Berg, warfen wir keinen Blick zurück. Am Haus angekommen, wurden wir von Tante Janis empfangen, stopften Cupcakes in uns hinein und spülten die süße Masse mit Kakao hinunter. Wir lachten und freuten uns, als wir ihr von der Entdeckung erzählten. Davon, dass man manchmal ein ganzes Leben lang auf der Suche nach etwas Wertvollem ist, und davon, dass die größten Schätze der Welt meist unmittelbar vor unseren Füßen liegen.

Drei Wochen später brachten uns Janis und Elias zum Flughafen. Unser Urgroßvater gab uns noch zwei leere Notizbücher zum Eintragen unserer eigenen Erlebnisse. Janis weinte, während sie uns an sich drückte, und auch Elias schien traurig zu sein.

„Ich hab euch lieb", sagte er, während er uns einen Kuss gab und eine große Träne über seine Wange rollte.

„Wie die Perle eines Engels", flüsterte Sophie. Und so verließen wir die beiden, ausgerüstet mit dem, was man später einmal Erinnerung nennt. Wir drehten uns nicht mehr um. Denn ganz sicher würden wir wieder herkommen.

46 Register

Dieses Stichwortverzeichnis enthält die wichtigsten Begriffe zur Höhlenkunde und die Seiten, auf denen sie im Buch vorkommen. **Fett** sind Seitenzahlen, wenn dort Erklärungen zu den Begriffen stehen. Blau sind Seitenzahlen, wenn dort Abbildungen zum Stichwort zu finden sind.

Jede Höhle ist einzigartig und alle Höhlen unterscheiden sich in Struktur, Ausschmückung und Lage voneinander. Manche sind so schön, dass man sie zu Schauhöhlen ausgebaut hat. Eine Schauhöhle kann jeder besuchen.

Schauhöhlen gibt es in Deutschland, in Österreich, in der Schweiz und in zahlreichen anderen Ländern so viele, dass sie hier nicht alle aufgeführt werden können. Aber du kannst dich auf der Internetseite des Verbandes der deutschen Höhlen- und Karstforscher e.V. darüber informieren, wo sich in Deutschland Höhlen mit besonderen Merkmalen befinden.
Darüber hinaus gibt es dort auch viele andere interessante Informationen über Höhlen und weiterführende Links.

Frage einen Erwachsenen oder sieh selbst im Internet unter: *www.vdhk.de* nach. Im Menü „Über Höhlen" findest du einen Unterpunkt „Schauhöhlen".

Über Höhlen in Österreich und in der Schweiz kannst du hier im Internet weitere Informationen nachlesen:
– Verband Österreichischer Höhlen-
  forscher: *www.hoehle.org*
– Schweizerische Gesellschaft
  für Höhlenforschung:
  www.speleo.ch
– Schweizerisches
  Institut für Speläologie
  und Karstforschung:
  www.isska.ch

Irgendwo auf dieser Erde, abseits von Tropfsteinen und Höhlen, lernten sich Dirk Steinhöfel und Andreas Pflitsch kennen und die Idee für ein gemeinsames Projekt entstand. Die Arbeit daran entführte jeden in den Kosmos des jeweils anderen. Der Illustrator drang vor in die Welt der Höhlen, während der Forscher ans Tageslicht emporkletterte. Dank unzähliger Fotografien sowie dem Fachwissen des Speläologen und mit den Mitteln der Kunst und der Imagination des Illustrators entstand dieses Buch.

Prof. Dr. Andreas Pflitsch (im Bild rechts) wurde 1958 geboren.
Er lehrt in den Bereichen Geografie und Sicherheitsforschung und arbeitet als Spezialist für Höhlen- und U-Bahn-Klimatologie. Neben Arbeiten in Alaska, den Rocky Mountains und dem Mittleren sowie Süd-Westen der USA baut er das Forschungszentrum zur Lava- und Eishöhlenforschung „Akeakamei" auf Hawaii auf.

Dirk Steinhöfel (im Bild links) wurde 1964 geboren. Als freiberuflicher Illustrator und Autor im Bereich Kinder- und Jugendliteratur entwickelt er vor allem detaillierte Graphic Novels sowie Cover für Fantasyliteratur und Dystopien.

Dank und Bildnachweis:
Wir bedanken uns bei Gosiak Allison Kosior, Ranger im Carlsbad-Caverns-Nationalpark, New Mexico, USA, die uns die Fotos der Lechuguilla-Höhle und von Tropfsteinformationen zur Verfügung gestellt hat (S. 33). Alle übrigen Fotos sind von Andreas Pflitsch. Folgende Bilder sind Montagen aus Fotos und Illustrationen: Vorsatz/Nachsatz, S. 10 ur, 18 o/m, 24 m, 35 o, 40/41, 42 und 47.
Unser Dank gilt auch David Holmgren, B. Sc., der so freundlich war, zur Recherche der Carbidlampen (S. 10) beizutragen.